Vieles können wir lernen von den Wikingern im alten Island. Vor über tausend Jahren entstand diese Sammlung von Lebensweisheiten und wertvollen Ratschlägen: Sie erzählen von Gastfreundschaft und guten Sitten, vom Glück der Freundschaft und vom Umgang mit anderen Menschen. Gleichzeitig bieten sie Rat für ganz alltägliche Probleme und lehren die Kunst des klugen und zufriedenen Lebens ...

Die Weisheit der Wikinger beruht auf einer Spruchsammlung der altisländischen Edda-Dichtung, der Hávámál (»Die Sprüche des Hohen«), die in einer Handschrift aus dem 13. Jahrhundert (Codex Regius) überliefert ist, jedoch schon zur Zeit der Besiedlung Islands entstand. Die in ihrer Gesamtheit 164 Strophen umfassende Spruch- und Wissensdichtung bietet praktische Lebensregeln und gibt Ratschläge zu richtigem Benehmen und klugem Verhalten, zur Notwendigkeit von Freundschaft, Großzügigkeit und Mäßigung – und bietet so nicht nur einen umfassenden Einblick in die Lebenswelt der Wikinger, sondern gleichzeitig praktische Tipps für den Alltag.

insel taschenbuch 4041

Die Weisheit der Wikinger

DIE WEISHEIT DER WIKINGER

AUS DEM ALTISLÄNDISCHEN

VON ARNULF KRAUSE

INSEL VERLAG

Umschlagfoto: Shutterstock.com

insel taschenbuch 4041
Originalausgabe
Erste Auflage 2011

Vertrieb durch den Suhrkamp Taschenbuch Verlag
Textnachweis am Schluss des Bandes
Umschlaggestaltung: HildenDesign, München
www.hildendesign.de
Satz: Hümmer GmbH, Waldbüttelbrunn
Druck: Druckhaus Nomos, Sinzheim
Printed in Germany
ISBN 978-3-458-35741-4

1 2 3 4 5 6 – 16 15 14 13 12 11

INHALT

ALLTAGSWEISHEITEN

Bei allen Türen, bevor man weiter geht,
soll man herumblicken,
soll man sich umsehen;
denn es ist ungewiss, ob Feinde
sitzen auf der Bank vor einem.

Früh soll aufstehen, wer wenige Arbeiter hat,
und ans Werk gehen;
manches verliert, wer am Morgen schläft,
halb schon ist der Reichtum dem Schnellen.

Früh soll aufstehen, wer des andern
Gut oder Leben haben will;
selten erringt ein liegender Wolf den Schinken
und ein schlafender Mann den Sieg.

Von trocknen Scheiten und Schindeln aus Birkenrinde
kennt der Mann das Maß;
und das des Holzes, mit dem er ausreichen kann
ein Viertel- und ein Halbjahr.

Gewaschen und satt reite der Mann zum Thing,
auch wenn er nicht so gut gekleidet ist;
der Schuhe und Hosen schäme sich kein Mann,
ebenso wenig des Pferds, selbst wenn er kein gutes hat.

Der Mensch ist nicht ganz elend, auch wenn er nicht
gesund ist;
mancher ist durch Söhne glücklich,
mancher durch Verwandte, mancher durch viel Besitz,
mancher durch gute Taten.

Am Abend soll man den Tag loben, die Frau, wenn sie
verbrannt ist,
das Schwert, wenn's erprobt ist, das Mädchen,
wenn's geehelicht ist,
das Eis, wenn man hinüberkommt, das Bier, wenn's
getrunken ist.

Im Sturm soll man den Baum schlagen, bei Wind auf
See fahren,
im Dunkeln mit dem Mädchen reden: Viele Augen
hat der Tag;
auf dem Schiff soll man fahren, aber den Schild braucht
man zum Schutz,
das Schwert zum Schlag, aber das Mädchen zum Küssen.

Am Feuer soll man Bier trinken, auf dem Eis
Schlittschuh laufen,
mager das Pferd kaufen, und das Schwert schmutzig,
daheim füttre man das Pferd, den Hund aber im
Vorhof.

Des Mädchens Worten soll man nicht trauen,
noch dem, was die Frau sagt;
denn auf kreisender Scheibe wurden ihre Herzen geschaffen,
Wankelmut in die Brust gelegt.

Brechendem Bogen, brennender Lohe,
schnappendem Wolf, schreiender Krähe,
grunzendem Schwein, wurzellosem Baum,
wogender Welle, brodelndem Kessel.

Fliegendem Pfeil, fallender Woge,
einnächtigem Eis, ringelnder Schlange,
der Frau Bettreden und gebrochnem Schwert,
des Bären Spiel und dem Kind eines Königs.

Krankem Kalb, eigenwilligem Knecht,
der Seherin Schmeichelworte, gerade gefallnen Männern.

Die Worte, die ein Mann einem andern sagt,
bekommt er oft vergolten.

Gehen soll man, darf nicht Gast sein
immer an einem Ort;
der Geschätzte wird unbeliebt, wenn er lange sitzt
auf des andern Bank.

Klug dünkt sich, wer die Flucht ergreift,
der spottende Gast vorm Gast;
nicht sicher weiß, wer beim Mahl lästert,
ob er mit Freunden schwatzt.

Der Erbärmliche und übel Gesinnte
lacht über alles;
er weiß nicht, was er wissen müsste,
dass er selbst nicht ohne Fehler ist.

Früh gesäter Frucht trau kein Mann,
noch dem zu frühen Sohn;
das Wetter bestimmt die Frucht, und seinem Willen der Wohn,
unbeständig sind beide.

Seines Bruder Töter, auch wenn man ihn auf dem Weg
trifft,
halbverbranntem Haus, windschnellem Pferd –
dann ist das Pferd unnütz, wenn ein Fuß bricht –,
niemand sei so gutgläubig, all diesem zu trauen.

Er schnappt und senkt den Kopf, wenn er ans Wasser
kommt,
der Adler auf dem alten Meer;
so ist der Mann, der zu vielen kommt
und wenige Fürsprecher hat.

Viel zu früh kam ich an manche Orte,
aber zu spät an andere;
das Bier war getrunken, manches war ungebraut,
selten trifft der Leidige die rechte Zeit.

Feuer ist das beste bei der Menschen Söhne
und der Sonne Schein,
seine Gesundheit, wenn man sie behalten hat,
ohne mit Schande zu leben.

An der Nacht erfreut sich, wer auf Vorrat vertraut,
kurz sind des Schiffs Rahen,
unbeständig ist die Herbstnacht;
sehr wetterwendisch ist's an fünf Tagen,
aber mehr in einem Monat.

DIE KLUGHEIT DES WEISEN MANNES

Klugheit braucht, wer weit umherzieht,
leicht ist daheim alles;
Augenzwinkern erregt, der nichts versteht
und bei Klugen sitzt.

Mit seinem Verstand sollte kein Mann prahlen,
eher sei er vorsichtigen Sinns;
dann komme er klug und schweigsam auf einen Hof,
selten wird dem Vorsichtigen Schaden;
denn einen zuverlässigeren Freund als großen Verstand
hat ein Mann niemals.

Der vorsichtige Gast, der zum Mahl kommt,
schweigt aufmerksam;
mit den Ohren horcht er, mit den Augen schaut er;
so späht jeder Weise umher.

Der ist glücklich, welcher sich verschafft
Lob und Gunst;
recht unsicher ist's dem, was ein Mann bewirkt
in des andern Brust.

Der ist glücklich, der selbst hat
Lob und Klugheit, solang er lebt;
denn üblen Rat hat ein Mann oft erhalten
aus des andern Brust.

Eine bessre Bürde trägt man nicht auf dem Weg
als menschliche Weisheit;
besser als Gold scheint sie an unbekanntem Ort,
sie ist des Bedürftigen Zuflucht.

Der allein weiß, der weit wandert
und viel umhergezogen ist,
welchen Sinn jeder Mann hat,
der, welcher selbst Verstand besitzt.

Der unkluge Mann durchwacht alle Nächte
und sinnt über alles;
dann ist er müde, wenn der Morgen kommt,
alle Mühe bleibt, wie sie war.

Der unweise Mann hält alle für Freunde,
die ihm zulachen;
Er merkt's nicht, obwohl sie Übles von ihm sagen,
wenn er bei Klugen sitzt.

Der unweise Mann hält alle für Freunde,
die ihm zulachen;
dann merkt er, wenn er zum Thing kommt,
dass er wenige Fürsprecher hat.

Der unweise Mann meint alles zu wissen,
wenn er eine sichre Ecke hat;
er weiß nicht, was er sagen soll,
wenn ihn die Leute aushorchen.

Der unkluge Mann, der zu Leuten kommt,
hält's am besten, wenn er schweigt;
niemand weiß, dass er nichts begreift,
wenn er nicht viel spricht;
der nichts weiß, weiß aber nicht,
dass er viel spricht.

Klug hält sich derjenige, der fragen kann
und ebenso antworten;
nichts verheimlichen können der Menschen Söhne,
was bei den Leuten vorgeht.

Viel spricht, wer niemals schweigt,
nutzlose Worte;
die geschwätzige Zunge, die man nicht ruhig hält,
erschwatzt sich oft Ungutes.

An kleine Ufern kleiner Seen
sind die Gedanken der Menschen klein;
denn alle Menschen sind nicht gleich klug,
verschieden ist die ganze Welt.

Mittelklug sollte jedermann sein,
nie sei man allzu klug;
den Menschen ist es am besten zu leben,
die so manches wissen.

Mittelklug sollte jedermann sein,
nie sei man allzu klug;
denn des klugen Mannes Herz wird selten heiter,
wenn er überklug ist.

Mittelklug sollte jedermann sein,
nie sei man allzu klug;
sein Schicksal wisse niemand vorher,
der hat das sorgenfreieste Gemüt.

Brand entbrennt am Brand, bis er verbrannt ist,
Feuer entzündet sich am Feuer;
der Mensch wird durch den Menschen der Sprache
kundig,
aber zum Dummen durch Verschlossenheit.

Fragen und sprechen soll jeder Kluge,
der weise gelten will;
einer soll's wissen und kein zweiter,
die Menge weiß es, wenn's drei wissen.

Seine Macht möge jeder Kluge
mit Maß gebrauchen;
dann findet er, wenn er unter Mutige kommt,
dass keiner allein am kühnsten ist.

Daheim sei der Mann heiter und zu Gästen freundlich,
weise soll er mit sich sein,
gedächtnisstark und gesprächig, wenn er sehr klug sein will,
oft soll er Gutes erwähnen;
Riesentrottel heißt, wer wenig sagen kann,
das ist des Unklugen Art.

DIE TUGENDEN DES WEISEN MANNES

Schweigsam und aufmerksam soll des Königs Kind sein
und kampfkühn;
heiter und freundlich sei jeder Mann,
bis er den Tod erleidet.

Der feige Mann glaubt immer zu leben,
wenn er dem Kampf ausweicht;
doch das Alter gibt ihm keinen Frieden,
auch wenn ihn die Speere gewähren.

Freigebige, mutige Männer leben am besten,
selten treibt sie Sorge;
aber der mutlose Mann fürchtet alles,
stets ärgert sich der Geizige bei Geschenken.

Nicht tadeln soll man den andern dafür,
was manchem Mann geschieht;
von Klugen zu Törichten macht der Menschen Söhne
die mächtige Leidenschaft.

Eine bessre Bürde trägt man nicht auf dem Weg
als menschliche Weisheit;
schlechtere Wegzehrung bringt man nicht durchs Land
als unmäßigen Biertrank.

Der Dummkopf gafft, wenn er zum Gastmahl kommt,
er murmelt und schweigt;
all dies ist vorbei, wenn er den Trank nimmt,
hervor kommt dann der Sinn des Mannes.

Nicht so gut ist, wie man's sagt,
das Bier den Söhnen der Menschen;
denn weniger weiß, der mehr trinkt,
in seinem Verstand der Mann.

Man klebe nicht am Becher, trinke den Met in Maßen,
spreche sinnvoll oder schweige;
wegen schlechten Benehmens tadelt dich kein Mann,
wenn du früh schlafen gehst.

Der gierige Mann, wenn er Verstand nicht nutzt,
isst sich krank;
oft erntet er Spott, wenn er zu Klugen kommt,
dem törichten Mann der Magen.

Herden wissen's, wann sie heim müssen,
und gehen dann vom Gras;
aber der unkluge Mann kennt niemals
seines Magens Maß.

Morgens beim Mahl sollte der Mann gut zugreifen,
wenn er nicht zum Gastmahl kommt;
er sitzt und darbt, er tut, als verschlinge er's,
und kann wenig erfragen.

GROSSZÜGIGKEIT UND GASTFREUNDSCHAFT

Den Gebenden Heil! Der Gast ist hereingekommen,
wo soll er sitzen?
Sehr hastig ist, wer am Feuer
seinen Nutzen sucht.

Feuer braucht, wer hereinkommt
und kalte Knie hat;
Mahl und Kleider braucht der Mann,
der übers Gebirge gegangen ist.

Wasser braucht, wer zur Mahlzeit kommt,
ein Handtuch und herzliche Einladung;
Freundlichkeit, wenn er sie erlangen kann,
Rede und wieder Schweigen.

Hier und dort hätte man mich eingeladen,
wenn ich zur Mahlzeit nicht des Essens bedurfte,
oder zwei Schinken hingen beim treuen Freund,
wo ich einen gegessen hatte.

Mit Augenzwinkern soll man dem andern nicht spotten,
wenn er zum Gastmahl kommt;
mancher hält sich für klug, wenn er nicht gefragt wird
und trockenhäutig verweilen kann.

Meine Kleider gab ich auf dem Feld
zwei Holzmännern;
für Menschen hielten sie sich, als sie Kleidung hatten,
verachtet ist der nackte Mann.

FREUNDSCHAFT

Viele Männer sind gut befreundet,
doch beim Mahl zanken sie sich;
Streit unter den Menschen wird immer währen,
der Gast hadert mit dem Gast.

Ein großer Umweg ist's zum üblen Freund,
auch wenn er am Weg wohnt;
doch zum guten Freund führt ein gerader Weg,
auch wenn er in die Ferne gefahren ist.

Mit Waffen und Kleidern sollen sich Freunde erfreuen,
das sieht man an sich selbst;
die schenken und die wieder schenken sind am längsten
Freunde,
wenn es lange gut verläuft.

Seinem Freund soll man ein Freund sein
Und Gabe mit Gabe vergelten;
Lachen gegen Lachen sollen die Männer nehmen,
und Täuschung gegen Lüge.

Seinem Freund soll man ein Freund sein,
ihm und dessen Freund;
aber Freund des Freundes seines Feindes
soll kein Mann sein.

Weißt du, wenn du einen Freund hast, dem du wohl traust
und von dem du Gutes haben willst:
Gesinnung sollst du mit ihm teilen und Geschenke tauschen,
besuch ihn oft.

Wenn du einen andern hast, dem du kaum traust,
von dem du jedoch Gutes haben willst:
Freundlich sollst du mit ihm sprechen, aber falsch denken
und Täuschung gegen Lüge entgelten.

Das gilt auch für den, dem du kaum traust
und dessen Gesinnung dir zweifelhaft ist:
Lachen sollst du mit ihm und falsch sprechen,
gleiches Entgelt sei der Gabe.

Jung war ich einst, allein ging ich,
da verlief ich mich auf den Wegen;
reich schätzt ich mich, als ich einen andern traf,
der Mensch ist des Menschen Freude.

Die Kiefer stirbt, die auf einer kahlen Höhe steht,
sie rettet weder Rinde noch Nadel;
so ist der Mann, den niemand mag,
was soll er lange leben?

Heißer als Feuer brennt bei üblen Freunden
fünf Tage die Freundschaft;
aber sie erlischt, wenn der sechste kommt,
und alle Freundschaft endet.

Nicht nur Großes soll man einem Mann geben,
oft erringt man mit wenigem Lob;
mit halbem Brot und mit halbem Becher
gewann ich mir einen Gefährten.

FRAUEN UND MÄNNER

So ist die Liebe der Frauen, die Falsches im Sinn haben,
als wenn man ein unbeschlagnes Pferd über glattes Eis
führt,
ein unruhiges, zweijähriges, und kaum gezähmt,
oder als wenn man im heftigen Wind steuerlos segelt,
oder wenn ein Lahmer auf schneeschmelzendem Berg
ein Ren fangen sollte.

Offen sprech ich nun, weil ich beides weiß:
Wankelmütig ist der Männer Sinn den Frauen;
dann sprechen wir am schönsten, wenn wir
am schlechtesten denken,
das betört auch Klugen das Herz.

Schön soll sprechen und Geschenke geben,
wer der Frau Liebe erlangen will,
die Figur loben des herrlichen Mädchens;
derjenige erreicht's, der schmeichelt.

Wegen der Liebe soll ein Mann
den andern niemals tadeln;
oft fesselt den Klugen, was den Törichten nicht fesselt,
begehrenswertes Aussehen.

Das Verlangen allein weiß es, das beim Herzen wohnt,
es allein kennt das Gemüt:
Kein Leiden ist ärger dem klugen Mann,
als unglücklich zu sein.

Manches gute Mädchen ist, wenn man's wissen möchte,
wankelmütig gegen den Mann;
da erkannt ich das, als ich die kluge Frau
zu Unsittlichem zu locken suchte;
jede Schmach tat mir das kluge Mädchen an,
und ich hatte nichts von dem Weib.

BESITZ UND REICHTUM

Ein Hof ist besser, auch wenn er klein ist,
ein Herr ist jeder daheim;
selbst wenn er zwei Ziegen hat und ein zweiggedecktes
Haus,
das ist doch besser als Betteln.

Ein Hof ist besser, auch wenn er klein ist,
ein Herr ist jeder daheim;
das Herz blutet dem, der sich erbitten muss
zu jeder Mahlzeit Essen.

Von seinen Waffen soll man auf dem Feld
keinen Schritt weggehen;
denn's ist nicht zu wissen, wann draußen auf den Wegen
ein Mann den Speer braucht.

Nie fand ich einen freigebigen und so gastfreundlichen Mann,
dass er nicht auch angenommen hätte,
und mit seinem Besitz so großzügig,
dass er leid gewesen wär, Lohn zu nehmen.

Aus seinem Vermögen, das er erworben hat,
soll der Mann Nutzen ziehen;
oft spart man für Ungeliebte, was man Lieben bestimmt hatte,
vieles kommt übler, als man denkt.

Der weiß nicht, wenn er nichts weiß,
mancher wird durch Reichtum zum Narren;
ein Mann ist reich, ein andrer arm,
den soll man darum nicht tadeln.

Volle Gehege sah ich bei Fitjungs Söhnen,
nun tragen sie den Bettelstab;
so ist der Reichtum wie ein Augenblick,
er ist der wechselhafteste der Freunde.

Der unkluge Mann, wenn er gewinnen kann
Besitz oder einer Frau Liebe,
wächst ihm der Stolz, aber niemals der Verstand,
schnell schreitet er in den Hochmut.

LEBEN UND TOD

Besser geht's den Lebenden als den Nichtlebenden,
immer bekommt der Lebende eine Kuh;
Feuer sah ich rauchen vor dem reichen Mann,
aber draußen lag er tot vor der Tür.

Der Lahme reitet ein Pferd, eine Herde treibt
der Handlose,
der Taube taugt zum Kampf;
der Blinde ist besser als ein Verbrannter:
Niemand braucht einen Toten.

Ein Sohn ist besser, auch wenn er spät geborn ist
nach dem verstorbnen Mann;
selten stehen Bautasteine nah am Weg,
wenn sie nicht der Verwandte dem Verwandten
aufstellt.

Vieh stirbt, Verwandte sterben,
man selbst stirbt ebenso;
aber der Ruf stirbt niemals dem,
der sich guten erwirbt.

Vieh stirbt, Verwandte sterben,
man selbst stirbt ebenso;
ich weiß eines, das niemals stirbt:
das Urteil über jeden Toten.

RATSCHLÄGE UND WEISHEITEN FÜR LODDFAFNIR

Ich rat dir, Loddfafnir, dass du den Rat annimmst,
nutzen wird er, wenn du annimmst,
dir wird's von Nutzen sein, wenn du ihn bekommst:
Steh in der Nacht nicht auf, außer wenn du
auf Erkundung gehst
oder du draußen den Abtritt aufsuchst.

Ich rat dir, Loddfafnir, dass du den Rat annimmst,
nutzen wird er, wenn du annimmst,
dir wird's von Nutzen sein, wenn du ihn bekommst:
Einer zauberkundigen Frau sollst du nicht in den Armen
liegen,
sodass sie dich mit den Gliedern umschlingt;

sie erreicht, dass du dich weder ums Thing
noch um des Königs Rede kümmerst;
Speise magst du nicht noch männliche Gesellschaft,
sorgenvoll gehst du schlafen.

Ich rat dir, Loddfafnir, dass du den Rat annimmst,
nutzen wird er, wenn du annimmst,
dir wird's von Nutzen sein, wenn du ihn bekommst:
Eines andern Frau verführ dir nie
zur Ohrraunerin.

Ich rat dir, Loddfafnir, dass du den Rat annimmst,
nutzen wird er, wenn du annimmst,
dir wird's von Nutzen sein, wenn du ihn bekommst:
Im Gebirge oder Fjord, wenn du reisen willst,
nimm genug an Speise mit.

Ich rat dir, Loddfafnir, dass du den Rat annimmst,
nutzen wird er, wenn du annimmst,
dir wird's von Nutzen sein, wenn du ihn bekommst:
Einen üblen Menschen lass niemals
dein Unglück wissen;
denn vom üblen Menschen erhältst du niemals
den Lohn des Vertrauens.

Oben verletzen sah ich einen Mann
Die Worte einer bösen Frau;
Eine heimtückische Zunge wurde ihm zum Tod,
und nicht die Wahrheit.

Ich rat dir, Loddfafnir, dass du den Rat annimmst,
nutzen wird er, wenn du annimmst,
dir wird's von Nutzen sein, wenn du ihn bekommst:
Weißt du, wenn du einen Freund hast, dem du wohl traust,
reise, um ihn oft zu treffen;
denn Buschwerk wächst und hohes Gras
auf dem Weg, den man nicht betritt.

Ich rat dir, Loddfafnir, dass du den Rat annimmst,
nutzen wird er, wenn du annimmst,
dir wird's von Nutzen sein, wenn du ihn bekommst:
Einen guten Menschen gewinn dir zum Freund
und nimm Hilfszauber, solang du lebst.

Ich rat dir, Loddfafnir, dass du den Rat annimmst,
nutzen wird er, wenn du annimmst,
dir wird's von Nutzen sein, wenn du ihn bekommst:
Deinem Freund sei du nie
der Erste beim Freundschaftsbruch;
die Sorge frisst das Herz, wenn du keinem
alle Gedanken sagen kannst.

Ich rat dir, Loddfafnir, dass du den Rat annimmst,
nutzen wird er, wenn du annimmst,
dir wird's von Nutzen sein, wenn du ihn bekommst:
Worte wechseln sollst du niemals
mit unklugen Affen.

Denn von einem üblen Mann wirst du nie
des Guten Lohn bekommen;
aber ein guter Mann wird dich durch Lob
angesehen machen.

Freundschaft verbindet dann, wenn man einem alle Gedanken
anvertrauen kann;
alles ist besser, als unzuverlässig zu sein;
der ist dem andern kein Freund, der allein Angenehmes sagt.

Ich rat dir, Loddfafnir, dass du den Rat annimmst,
nutzen wird er, wenn du annimmst,
dir wird's von Nutzen sein, wenn du ihn bekommst:
Drei Worte streiten sollst du nicht mit dem schlechteren Mann;
oft verliert der Bessre,
wenn der Schlechtere angreift.

Ich rat dir, Loddfafnir, dass du den Rat annimmst,
nutzen wird er, wenn du annimmst,
dir wird's von Nutzen sein, wenn du ihn bekommst:
Weder Schuhmacher seist du noch Schaftmacher,
außer du bist es für dich selbst;
ist der Schuh schlecht gemacht oder ist der Schaft schief,
dann wünscht man dir Schaden.

Ich rat dir, Loddfafnir, dass du den Rat annimmst,
nutzen wird er, wenn du annimmst,
dir wird's von Nutzen sein, wenn du ihn bekommst:
Wo du Schaden erfährst, rechne es dem Schaden zu,
und gib deinen Feinden keinen Frieden.

Ich rat dir, Loddfafnir, dass du den Rat annimmst,
nutzen wird er, wenn du annimmst,
dir wird's von Nutzen sein, wenn du ihn bekommst:
An Üblem erfreu dich niemals,
doch lass dir das Gute gefallen.

Ich rat dir, Loddfafnir, dass du den Rat annimmst,
nutzen wird er, wenn du annimmst,
dir wird's von Nutzen sein, wenn du ihn bekommst:
Hochschauen sollst du nicht in der Schlacht –
einem Wahnsinnigen gleich werden der Menschen Söhne –,
dass dich die Männer nicht verzaubern.

Ich rat dir, Loddfafnir, dass du den Rat annimmst,
nutzen wird er, wenn du annimmst,
dir wird's von Nutzen sein, wenn du ihn bekommst:
Wenn du dir eine gute Frau zur Freundin machen
und mit ihr Vergnügen haben willst,
versprich ihr Schönes und halt dich dran,
niemand verschmäht Gutes, wenn er's bekommt.

Ich rat dir, Loddfafnir, dass du den Rat annimmst,
nutzen wird er, wenn du annimmst,
dir wird's von Nutzen sein, wenn du ihn bekommst:
Vorsichtig zu sein, wünsch ich dir, aber nicht zu vorsichtig;
Sei am vorsichtigsten beim Bier und bei eines andern Frau,
und als Drittes davor, dass dich Diebe bestehlen.

Ich rat dir, Loddfafnir, dass du den Rat annimmst,
nutzen wird er, wenn du annimmst,
dir wird's von Nutzen sein, wenn du ihn bekommst:
Hab weder Hohn noch Spott
dem Gast oder dem Fahrenden.

Oft wissen die nicht genau, die drinnen sitzen,
welcher Familie diejenigen sind, die kommen;
kein Mann ist so gut, dass er ohne Fehler ist,
und so schlecht, dass er nichts taugt.

Ich rat dir, Loddfafnir, dass du den Rat annimmst,
nutzen wird er, wenn du annimmst,
dir wird's von Nutzen sein, wenn du ihn bekommst:
Über den grauen Thul lach niemals!
Oft ist gut, was Alte sprechen;
oft kommen aus trocknem Beutel kluge Worte,
dem hängt das Fell
und schlenkert die Haut
und schwankt der Bauch.

Ich rat dir, Loddfafnir, dass du den Rat annimmst,
nutzen wird er, wenn du annimmst,
dir wird's von Nutzen sein, wenn du ihn bekommst:
Schrei den Gast nicht an und jag ihn nicht vom Tor,
sei dem Bedürftigen großzügig!

Stark ist der Riegel, der sich allen
beim Öffnen drehen soll;
gib einen Ring, oder man wünscht
dir jeden Schaden an den Leib.

Ich rat dir, Loddfafnir, dass du den Rat annimmst,
nutzen wird er, wenn du annimmst,
dir wird's von Nutzen sein, wenn du ihn bekommst:
Wo du Bier trinkst, ruf die Kraft der Erde an!
Denn die Erde nimmt Bier auf, aber das Feuer Krankheit,
die Eiche Verstopfung, die Ähre Zauberei,
die Halle das Roggenkorn – bei Tobsucht soll man
den Mond anrufen –,
Weide die Viehkrankheit, aber Runen den Fluch;
die Erde soll die Flut aufnehmen.

Nun sind die Sprüche des Hohen gesagt, in des Hohen Halle,
sehr nützlich den Söhnen der Menschen,
unnütz den Söhnen der Riesen;
Heil dem, der sie sprach, Heil dem, der sie kennt!
Sie nutze, wer sie erlernte,
Heil denen, die sie hörten!

TEXTNACHWEIS

insel taschenbuch 4041: *Die Weisheit der Wikinger*. Die hier versammelten Texte stammen aus »Die Sprüche des Hohen« (*Hávámál*), einem Teil der isländischen Edda-Dichtung. Sie werden zitiert nach: *Die Götterlieder der Älteren Edda*. Übersetzt, kommentiert und herausgegeben von Arnulf Krause. © 2006 Philipp Reclam jun. GmbH & Co. KG, Stuttgart. Für den vorliegenden Band wurden die Texte nach thematischen Aspekten ausgewählt und neu zusammengestellt.

Helden und Schurken, Gespenster und Wiedergänger, verfeindete Wikinger und Geächtete …

Die unterhaltsamen Geschichten aus dem alten Island erzählen von starken, mutigen und waghalsigen Männern und Frauen, die sich vor über tausend Jahren dort niederließen. Nicht nur hatten sie Konflikte und Fehden auszutragen und sich Wind, Wetter und der rauhen Natur zu stellen, auch für ihre ehrenhaften Heldentaten sind sie weithin bekannt.

Die schönsten und spannendsten Sagas aus dem »Wilden Westen« des hohen Nordens sind in diesem Band versammelt.

Die schönsten isländischen Sagas
Ausgewählt und mit einem Vorwort von Arthúr Björgvin Bollason. Aus dem Altisländischen von Rolf Heller. insel taschenbuch 4044. 239 Seiten

Die Kulthauptstadt des Nordens – wie sie keiner kennt!

Reykjavík ist die nördlichste Hauptstadt Europas und was für eine! Tief mit seiner Geschichte verwurzelt, präsentiert sich Reykjavík gleichzeitig als aufstrebende junge Metropole mit einer lebendigen Literatur- und Kulturszene. Die literarische Stimme Reykjavíks ist vielfältig und vielstimmig, besonders die jungen Autorinnen und Autoren sind in den vergangenen Jahren international sehr erfolgreich geworden. Der berühmte isländische Autor Pétur Gunnarsson lädt uns ein, seine faszinierende Heimatstadt kennenzulernen.

Pétur Gunnarsson. Reykjavík
Aus dem Isländischen von Betty Wahl. insel taschenbuch 4043.
Etwa 120 Seiten

Die schönsten isländischen Erzählungen des 20. Jahrhunderts

Vom Land im hohen Norden, seiner gewaltigen Natur, vor allem aber von seinen Bewohnern erzählen die Geschichten in diesem Band. Halldór Laxness, Steinunn Sigurðardóttir, Thor Vilhjálmsson, Kristín Marja Baldursdóttir, Einar Már Guðmundsson und viele andere wichtige Stimmen der isländischen Literatur vermitteln ein Bild des modernen Island im 20. Jahrhundert – eines, das weit über die alten Mythen von Elfen und über stolze Wikingersagas hinausgeht.
Die schönsten isländischen Erzählungen des 20. Jahrhunderts, die meisten davon erstmals in deutscher Übersetzung, sind in diesem Band versammelt.

Die schönsten Erzählungen Islands
Herausgegeben von Soffía Auður Birgisdóttir, Gert Kreutzer und Halldór Guðmundsson. insel taschenbuch 4038. 325 Seiten